Franz Josef Strauß

Biographie

Dirk Müller

Titelbild:

Bundesarchiv, B 145 Bild-F023361-0016 / Gathmann, Jens / CC-BY-SA

Edition Ideenbrücke, 2015

ISBN 9783945909447

Franz Josef Strauß

Biographie

Dirk Müller

Vorbemerkung

Franz Josef Strauß gehört zu jenen Politikern, die sich schon zu Lebzeiten Gedanken über das Bild machten, das sich nach ihrem Tod über sie verbreiten werde. »Im übrigen weiß ich als Politiker genau, dass ich erst bei meiner Grabrede erfahren werde, wie gut ich gewesen bin, dass ich auch bei jedem Wahlkampf höre, wie schlecht ich bin«, sagte der noch gar nicht alte CSU-Mann bereits 1959. Und 1977 formuliert er durchaus selbstkritisch-abwägend: »Ich bin weder Heiliger noch ein Dämon. Ich bin kein ausgeklügeltes Buch, sondern ein Mensch in seinem Widerspruch.«

Der Schluss dieses Zitats hat etwas Selbstoffenbarendes. Naheliegend wäre es gewesen, eine banale Formulierung wie »mit Stärken und Schwächen« anzuhängen. Doch Strauß schrieb sich lieber Widersprüchlichkeit zu, als von Schwächen zu sprechen. Freilich, menschlich wollte er in diesen Widersprüchen schon sein; dass andere versuchten, ihm zum Dämon zu stilisieren, war ihm angesichts zahlreicher Affären und wegen seines Verhältnisses zur linken und linksliberalen Presse selbstverständlich bewusst. Er bot ebenso reichlich Angriffsfläche, wie er fähig war, auszuteilen – und nicht nur gegen den politischen Gegner.

Die jungen Jahre 1915–1939

Geboren wurde Franz Josef Strauß am 6. September 1915 in München. Er kam aus Verhältnissen, die man als kleinbürgerlich bezeichnen kann, insbesondere aber als: sehr bayerisch.

Er war das zweite Kind des Metzgers Franz Josef Strauß (1875–1949) und dessen Frau Walburga (1877–1962). Sein Vater stammte aus Kemmathen (Mittelfranken), die Mutter aus Unterwendling (bei Kelheim/Niederbayern). Die Familie wohnte ab 1904 im Münchener Stadtteil Maxvorstadt und war streng katholisch. Franz Josef Strauß senior war langjähriges Mitglied der Bayerischen Volkspartei. Die Familie Strauß, traditionell bayerisch-monarchistisch und antipreußisch eingestellt, befürwortete die Trennung Bayerns vom Deutschen Reich, wie sie zeitweise auch die Bayerische Volkspartei verfocht.

Sechs Tage nach seiner Geburt wurde er als Franz Joseph Strauß in das Geburtenregister eingetragen und am 12. Oktober 1915 in der Ludwigskirche getauft. Während seiner Kindheit, als Student und während der Militärzeit wurde er nur bei seinem ersten Vornamen »Franz« gerufen. Erst nach dem Tod seines Vaters nutzte er allmählich beide Vornamen. Zeitweise kam später das Gerücht auf, er habe den zweiten Vornamen hinzuerfunden, um besonders bayerisch zu klingen. Die CSU-nahe Hanns-Seidel-Stiftung stellte später klar:

»Ein am 26. März 1926 ausgestellter Geburtschein des Standesamtes I der Landeshauptstadt München verzeichnete unter der Nummer 3065 als Geburtstag den 6. September 1915 und als Geburtsnamen ›Franz Joseph Strauß‹. In seiner Kindheit, als Student sowie während der Militärzeit führte Franz Josef Strauß nur seinen ersten Vornamen ›Franz‹. Diese Praxis setzte sich auch nach 1945 fort. Zum letzten Mal erschien der erste Vorname in einem Reisepass aus dem Jahr 1957. Bereits vier Jahre vorher, 1953, nannte ein vom Bundestag für die zweite Wahlperiode ausgestellter Abgeordnetenausweis bereits beide Vornamen. Seit 1958 hatte sich dann die Führung der beiden Vornamen endgültig durchgesetzt. Über die Gründe, warum sich Franz Josef Strauß zur Führung seines zweiten Vornamens entschloss, gibt es unterschiedliche Varianten. Die bekannteste geht auf den Mentor der frühen Jahre, Josef Müller, zurück. Josef Müller habe ihm die Führung beider Vornamen nahegelegt, weil dies ›... gemütlicher klinge und sicher gut ankomme‹. Eine weitere Variante besagt, dass die Führung beider Vornamen erfolgte, um eine Verwechslung mit dem von 1958 bis 1966 für den Wahlkreis Oberbayern im Bayerischen Landtag sitzenden gleichnamigen Abgeordneten Franz Strauß zu vermeiden.«

Im März 1935 legte er am Maximiliansgymnasium in München das bayernweit beste Abitur seit 1910 hin. Mit seinen sehr guten Schulleistungen gingen seine Anhänger später gerne hausieren, sie wurden als Zeichen außerordentlicher Intelligenz gewertet, zumal Strauß nicht von Haus aus für eine akademische Karriere vorherbestimmt gewesen wäre. Mit dem Traumabitur konnte Strauß als Stipendiat der Stiftung Maximilianeum ein Lehramtsstudium der Altphilologie und Geschichte an der Universität München beginnen. Zuvor war seine Immatrikulation abgelehnt worden, weil er keiner nationalsozialistischen Organisation angehörte. Dank der Beschwerde seines ehemaligen Tutors und Lehrers wurde er aber dann doch zugelassen. Später trat er der Katholischen Deutschen Studentenverbindung Tuiskonia zu München bei, die dem Nationalsozialismus vergleichsweise fern stand, wenngleich natürlich nur im Rahmen des im Zuge der Gleichschaltung Erlaubten.

Völlig unbelastet blieb Strauß in der NS-Zeit allerdings nicht. 1937 wurde er Mitglied des Nationalsozialistischen Kraftfahrerkorps (NSKK) sowie Referent beim NSKK-Sturm 23/M 86 in München. Es heißt, er habe dies auf den Rat eines Professors getan, um zum Examen zugelassen zu werden. Im Juli 1939 trat er aus dem NSKK aus.

Während der Mitgliedschaft hielt Franz Josef Strauß in der Funktion eines »weltanschaulichen Referenten« Vorträge. Die Reden hatten nach eigenen Worten »... mit allen möglichen historischen Themen zu tun, nur nicht mit den Nazis und ihrer Ideologie«.

Diese vorübergehende Mitgliedschaft wurde nach dem Ende des Naziregimes von der Spruchkammer in Schongau zwar als belastend eingestuft, jedoch gleichzeitig »als zwangsbedingt, um eine Nichtzulassung zum Examen zu vermeiden, sowie nominelle Mitgliedschaft, die weder propagandistisch noch aktiv ausgeübt wurde« gewertet. Es war Strauß gelungen, die Kammer davon zu überzeugen, kein Nazi gewesen zu sein.

Die Frage nach einer nationalsozialistischen Vergangenheit von Franz Josef Strauß wurde Ende der 70er und Anfang der 80er Jahre, nicht zuletzt während der Kanzlerkandidatur 1980, kritisch diskutiert. Im Grunde war das Ergebnis ähnlich dem, das bereits die Spruchkammer formuliert hatte. Zu bemerken bleibt, dass gerade auch die wichtigsten Gegner Strauß' in jenen Jahren, Helmut Schmidt und Rudolf Augstein, in der Wehrmacht gedient hatten. Insofern konnte man schlecht Strauß nur wegen seiner nicht ganz zweifelsfreien Rolle in der NS-Zeit in die Enge treiben. Entsprechend lag der Fokus der Gegner auf Strauß' eigentlichem Wirken in der freien Gesellschaft, die genügend Angriffsfläche bot.

Kriegsjahre 1939–1945

Zunächst wurde er aufgrund seines Studiums zweimal vom Dienst unter dem Hakenkreuz zurückgestellt und am 31. August 1939 von der Wehrmacht nach Landsberg am Lech eingezogen. Später wurde er zur II. Abteilung des Artillerieregiments 43 in der Nähe von Trier versetzt. Während des Krieges konnte er sein Studium noch durch ein Referendariat im Schuljahr 1940/41 am Theresien-Gymnasium München mit dem Zweiten Staatsexamen für das Lehramt an Gymnasien beenden. Anschließend nahm er am Westfeldzug teil.

Nachdem Strauß zwischenzeitlich als Assistent am Altphilologischen und am Althistorischen Seminar der Universität München tätig gewesen war, wurde er am 16. April 1941 erneut zur Wehrmacht einberufen und nahm ab dem 22. Juni 1941 am Krieg gegen die Sowjetunion teil. Am 30. Juni war er nach eigenen Angaben in Lemberg (Lwiw) Zeuge, als die Deutschen zahlreiche Leichen von durch den sowjetischen Geheimdienst NKWD ermordeten Gefangenen auffanden. Strauß wusste zugleich von der Ermordung sowjetischer Juden durch deutsche Einsatzgruppen. Diese Kriegserlebnisse hätten ihn – wie er in seinen Erinnerungen schreibt – tief geprägt. Was genau Strauß erlebt hatte und wie er sich im Einzelnen verhielt, ist im Grunde genauso unsicher wie bei den meisten Vertretern dieser Generation.

Nach dem Abschluss des Studiums schlug Strauß die Beamtenlaufbahn ein. So wurde er am 8. April 1942 mit Wirkung zum 1. Mai zum außerplanmäßigen Beamten ernannt. Ab 24. November 1942 war er als Leutnant der Reserve Adjutant der Heeres-Flak-Abteilung 289 in der 22. Panzer-Division. Im Winter 1942/43 wurde er erneut abkommandiert. Bei der Rückfahrt erlitt er Erfrierungen an beiden Füßen. Am 20. April 1943 erfolgte dann die Ernennung zum Studienrat an der Oberschule für Jungen an der Damenstiftstraße in München. Notizen zu einer von ihm begonnenen Dissertation verbrannten 1944.

Nachdem er am 1. Juni 1944 zum Oberleutnant befördert worden war, wurde er im selben Jahr Chef der Stabsbatterie und Offizier für wehrgeistige Führung (seit Ende November 1943 als Nationalsozialistischer Führungsoffizier (NSFO) bezeichnet) an der Flak-Artillerie-Schule IV in Altenstadt. Als Themen seiner wöchentlichen Vorträge beschränkte sich Franz Josef Strauß nach eigenen Angaben meist auf geschichtliche Themen, die »... noch manche Freiheit ließen, wenn man sie geschickt interpretierte«. Ein Widerstandskämpfer war Strauß nicht. Ein Nazi war er auch nicht, hierfür gibt es keine hinreichenden Anhaltspunkte. Allerdings gehörte er zu jenen deutschen Nachkriegspolitikern, die öffentlich für jene Verständnis zeigten, die nicht mehr mit der Vergangenheit konfrontiert werden wollten.

Seine Nachfolge als NSFO in Altenstadt trat Mitte April 1945 der Schriftsteller Hans Hellmut Kirst an. Trotz der kurzen Zeit, in der Kirst dieses Amt noch ausübte, bezichtigte Strauß Kirst nach dem Ende des Naziregimes bei der US-amerikanischen Besatzungsmacht, ein Anhänger des Nationalsozialismus gewesen zu sein. Kirst verbrachte daraufhin neun Monate in einem US-Internierungslager in Garmisch. Dort entstanden auch seine ersten literarischen Aufzeichnungen. Obwohl Kirst als politisch ‚unbelastet' entlassen wurde, verhängte Strauß als Landrat und Vorsitzender der Spruchkammer ein zweijähriges Schreibverbot gegen ihn. So wurde Kirst, lange vor Augstein, zum Intimfeind von Strauß.

In den 1950er-Jahren trat Kirst dann, inzwischen auch außerhalb Deutschlands sehr erfolgreicher Romanautor (»08/15«), energisch gegen eine deutsche Wiederbewaffnung ein, was wiederum zu heftigen Attacken des neuen Bundesverteidigungsministers – Franz Josef Strauß – führte.

Beginn der politischen Karriere

Bei Kriegsende geriet Strauß zunächst in Kriegsgefangenschaft; er wurde ziemlich schnell (noch 1945) als politisch unbelastet eingestuft. Ein deutschstämmiger US-Soldat zog ihn aufgrund seiner Englischkenntnisse zur Unterstützung bei Übersetzungen heran. Von der amerikanischen Besatzungsmacht wurde er dann zum stellvertretenden Landrat des Landkreises Schongau bestellt.

1946 war er Mitbegründer des Kreisverbandes Schongau der CSU und wurde zum Landrat von Schongau gewählt. Seit 1948 war Strauß Mitglied im Wirtschaftsrat des Vereinigten Wirtschaftsgebietes in Frankfurt am Main, 1949 wurde er von Hans Ehard zum ersten Generalsekretär der CSU ernannt.

Nach dem Krieg suchte Strauß neben seiner Parteikarriere auch Führungsaufgaben in der überparteilichen Europa-Union Deutschland. Er unterlag allerdings 1954 seinem CDU-Abgeordnetenkollegen Paul Leverkuehn in der Abstimmung zur Wahl des Präsidenten.

Doch ein wichtiges Ziel erreichte Strauß: Dem Deutschen Bundestag gehörte der Mann aus Bayern seit dessen erster Legislaturperiode von 1949 an, übrigens kontinuierlich auch nach der Spiegel-Affäre bis 1978 (und erneut kurzfristig 1987). Er vertrat als stets direkt gewählter Abgeordneter den Wahlkreis Weilheim in Oberbayern. Von 1949 bis zu seinem Amtsantritt als Bundesminister war er darüber hinaus stellvertretender Fraktionsvorsitzender der CDU/CSU-Fraktion.

In der ersten Legislaturperiode (1949–1953) war Strauß Vorsitzender des Bundestagsausschusses für Jugendfürsorge und ab dem 19. Juli 1952 des Ausschusses für Fragen der europäischen Sicherheit. Er war damit der damals jüngste Ausschussvorsitzende im Bundestag.

1952 erfolgte seine Wahl zum Stellvertretenden Vorsitzenden der CSU.

1952 gehörte Strauß zu einer Gruppe von 34 Abgeordneten der CDU/CSU-Fraktion (darunter Theodor Blank, Heinrich von Brentano, Richard Jaeger, Kurt Georg Kiesinger, Heinrich Krone, Paul Lücke, Gerhard Schröder und Franz-Josef Wuermeling), die einen Gesetzentwurf zur Einführung des relativen Mehrheitswahlrechts in den Bundestag einbrachten – und damit den Bestand der Koalition gefährdeten, denn für die Liberalen wäre dieses Gesetz eine Horrorvorstellung gewesen. Die Union hätte wahrscheinlich entsprechend profitiert. Der Vorstoß scheiterte, und der FDP kam für lange Zeit die komfortable Rolle des Züngleins an der Waage zu, oder, um es in der deftigeren Ausdrucksweise Strauß' zu sagen: »Ein Schwanz, der gleichzeitig mit zwei Hunden wedelt«.

Strauß gehörte neben Ludwig Erhard, Hermann Götz, Gerhard Schröder (alle CDU), Richard Jaeger, Richard Stücklen (beide CSU), Erich Mende (FDP, später CDU), Erwin Lange, R. Martin Schmidt und Herbert Wehner (alle SPD) zu den zehn Abgeordneten, die seit der ersten Bundestagswahl 1949 25 Jahre lang ununterbrochen dem Parlament angehörten. In der elften Legislaturperiode war er nach Willy Brandt (SPD) und Herbert Czaja (CDU) der drittälteste Abgeordnete.

Neben seiner Marathon-Position im Bundestag war Strauß von 1952 bis 1956 auch Mitglied des Europäischen Parlaments.

Strauß – der brillante Redner?

Strauß als Redner 1972 – Bundesarchiv, B 145 Bild-F038043-0022 / Wegmann, Ludwig / CC-BY-SA

Strauß war ein begabter Redner, heißt es meist. Seine Debattenbeiträge im Deutschen Bundestag und im Bayerischen Landtag waren berühmt, aber auch berüchtigt, wie die Beschimpfung des Journalisten und Schriftstellers Bernt Engelmann als Beispiel für eine »Ratte« oder »Schmeißfliege«. Der Geschmähte hatte ihn als alten Nazi darzustellen versucht. Es ist eine für Strauß nicht untypische groteske Ironie, dass er, gerade weil er sich als verkappter Rechtsradikaler diffamiert sah, in seiner Rage zu Vokabular griff, das eben an jene schreckliche Zeit erinnerte. Damit gewann er vielleicht Stimmen vom rechten Rand, spielte aber in Wirklichkeit vor allem seinen Gegnern in die Hände, die ihn als »Sicherheitsrisiko« (Spiegel) darstellen konnten.

Legendär sind auch seine Rededuelle im Bundestag mit dem damaligen SPD-Fraktionsvorsitzenden Herbert Wehner. Während Wehner schrie und gestikulierte, setzte Helmut Schmidt dem angriffslustigen Bayern lieber eisigen Sarkasmus entgegen: »Es gibt Irrtümer, es gibt Fälschungen, und es gibt Strauß-Reden.«

Den Politischen Aschermittwoch baute Strauß nach 1953 im niederbayerischen Vilshofen, ab 1975 dann in Passau, mit mehrstündigen, augenscheinlich frei gehaltenen Schimpf-Reden zu einer zentralen Parteiveranstaltung der CSU mit bundesweiter Resonanz aus. Viele scheinbar spontane Bonmots waren exakt geplant und trafen politische Gegner (und nicht nur die) unerbittlich. Als beispielsweise die Grünen, teils hervorgegangen aus radikal linken Gruppen und anfänglich mit entsprechenden Programmpunkten, erste Wahrerfolge erzielten, bemerkte Strauß, die Grünen hätten sich doch als »Wassermelone erwiesen: außen grün und innen rot«.

Es ist jedoch fraglich, ob ein Cicero begeistert von den Redekünsten des Altphilologen Strauß gewesen wäre. Sicher, in einer (medialen) Demokratie sind andere Künste gefragt als im römischen Senat, vor allem, wenn man auf bayrische Stammtische wirken will, weil dort die Wähler sitzen. Strauß war allerdings durchaus auch ein Meister des kunstvollen Sich-Verhaspelns. Über kryptische

Attacken wie »... dann werden wir in das Gegenteil dessen treten, was aus Ihrem Mund herauskommt« sind schon ganze linguistische Seminarsitzungen abgehalten worden. Nicht, weil die Formulierung so gut war, sondern, weil Strauß bei seinen steten Bemühungen um Brillanz nicht selten Verkorkstheiten produzierte, die entschlüsselt werden mussten wie Maya-Kalender.

Manchmal ist auch unklar, wo bei Strauß die freiwillige Komik aufhörte und wo die unfreiwillige begann. Als er die Schuldenpolitik der SPD geißelte (die im Übrigen im Verhältnis zu den Belastungen durch die Wiedervereinigung und später die EU/Euro-Schuldenkrise noch eher harmlos war), griff er zu blumiger Rechenkunst:

»... Meine sehr verehrten Damen und Herren, der Schuldenberg ist mittlerweile der höchste Berg Deutschlands geworden. Allein der Schuldenzuwachs des Jahres 1979 von 35,5 Milliarden DM – das habe ich mir gestern ausgerechnet – würde, wenn man – ich rede jetzt nicht von 100-Mark-Scheinen, sondern ich rede von 1.000-Mark-Scheinen; ich habe hier früher einmal davon gesprochen, daß dann, wenn man das in Fünf-Mark-Stücken beförderte, sogar die Bundesbahn noch gesundete«,
(Heiterkeit bei der CDU/CSU),

»wenn sie diesen Transportauftrag bekäme – 1.000-Mark-Scheine aufeinander legte, einen Berg von 3.550 Meter oder, wenn man 100-Mark-Scheine nähme, einen

Berg von 35 Kilometer Höhe ergeben. Das ist eine Höhe, in der sich heute nur mehr Weltraumschiffe bewegen; in dieser Höhe können nicht einmal Flugzeuge fliegen. Dieser Berg übertrifft den höchsten deutschen Berg, die Zugspitze, erheblich, nämlich um das Vierfache der Höhe des Kölner Doms. Das reine Papiergewicht dieser Geldmenge belauft sich auf 2.800.000 Kilogramm oder 2.800 Tonnen. Stellen Sie sich einmal vor, in 100-Mark-Scheinen wären das 28.000 Tonnen!«

(Westphal [SPD]: Vom bargeldlosen Zahlungsverkehr haben Sie wohl noch nichts gehört!)

»Nur für der, [sic] Anteil des Bundes, ohne Länder, ohne Gemeinden, ohne Bahn, ohne Post, allein in 1.000-Mark-Scheinen befördert, würde man 186 Waggons je 15 Tonnen brauchen. Das sind mehr als drei Güterzüge mit der Höchstzahl von 120 Achsen. Bei 100-Mark-Scheinen wären es 120 Güterzüge.«

(Beifall und Heiterkeit bei der CDU/CSU)

(nicht im Protokoll notiert: Grinsen bei Helmut Schmidt)

Man sieht: Den bayrischen Barock gibt es auch in der Rechen- und Redekunst.

Der Bundesminister – heiße Themen, kalter Krieg

Verteidigungsminister Strauß mit Helmuth von Grolman, dem Wehrbeauftragten, 1959, Bundesarchiv, Bild 183-64381-0016 / CC-BY-SA

Es war ein eigenartiger Amtstitel: 1953 wurde er als Bundesminister für besondere Aufgaben in das Kabinett von Kanzler Konrad Adenauer berufen und war damit der bis dahin jüngste Bundesminister. Der alte Rheinländer Adenauer war vom politischen Talent des jungen Bayern überzeugt. Dass das hitzige Naturell und die – nun, unkonventionelle Methodik des shooting stars später beinahe seine Regierung zu Fall bringen würde, ahnte der Alte noch nicht. Zwischenzeitlich, im Januar 1955, unterlag

Strauß übrigens in einer Kampfabstimmung um den Parteivorsitz der CSU mit 329 zu 380 Stimmen gegen Hanns Seidel – verloren, ja, doch für einen noch jungen Politiker ein Achtungserfolg.

In der Bundespolitik angekommen, hatte Strauß von Anfang an keine Scheu vor heiklen Aufgaben. Wenn er von einer Sache überzeugt war, versuchte er sie auch durchzubringen, wenn sie unpopulär war. Das zeigt sich besonders bei der Atomkraft.

Im Oktober 1955 wurde ihm von Adenauer das neu gegründete Bundesministerium für Atomfragen (ein Vorläufer des heutigen Bundesministeriums für Bildung und Forschung) übertragen. In dieser Funktion war er am Aufbau der Deutschen Atomkommission beteiligt und leitete deren erste Sitzung am 26. Januar 1956 im Palais Schaumburg.

Deutschland, so Strauß in dieser Sitzung, sei den Nachbarländern gegenüber mit 10 bis 15 Jahren im Rückstand, was den Bau von Atomanlagen angehe. Er griff zu den höchsten rhetorischen Tönen: Es sei eine »Tragödie der Menschheitsgeschichte«, dass die Masse der Bürger »im Atom« seine zerstörerische Kraft sähe, statt sein Potenzial »zu heilen und zu helfen«.

An dieser kritischen Haltung der Bevölkerung, entstanden aus dem Schock von Hiroshima, hatte Strauß aber wahrscheinlich einen unfreiwilligen Anteil. Im Rahmen der Pariser Verträge hatte sich Deutschland 1954 zwar bereits verpflichtet, auf die Produktion von Atomwaffen zu verzichten – nicht aber auf den Einsatz im Verteidigungsfall. Dass Strauß zuerst Atom- und dann Verteidigungsminister wurde, war geradezu ein Symbol für die vermeintliche Untrennbarkeit der zivilen und militärischen Nutzung, jedenfalls in den Augen vieler besorgter Bürger. Der neue »Atom-Minister« setzte sich indessen entschieden für die Erforschung und zivile Nutzung der Kernenergie ein und forderte, dass bis 1970 die ersten Kernkraftwerke Strom produzieren sollten.

Abweichend von der Gesetzeslage in den USA plädierte Strauß sogar für ein »Privateigentum« an Kernbrennstoffen, um einen zügigen Aufbau der privaten Kernenergiewirtschaft zu forcieren, der möglichst frei von staatlichen Reglementierungen sein sollte. Dazu gehörte auch eine private Haftung für durch Kernenergie verursachte Schäden. Am 9. Dezember 1955 erklärte er beschwörend im Süddeutschen Rundfunk: »Wenn wir unseren 10- bis 15jährigen Rückstand nicht sehr rasch aufholen, werden wir wahrscheinlich darauf verzichten müssen, in Zukunft zu den führenden Nationen gezählt zu werden.« Am 25. Juli 1956 stellte er einen Gesetzentwurf zur »Erzeugung und Nutzung der Kernenergie« vor, der 1960 zum ersten deutschen Atomgesetz führte. Dass eines Tages eine unionsgeführte Bundesregierung eine plötzliche Kehrtwende vollziehen und den Ausstieg aus dem Ausstieg aus dem Ausstieg aus der Kernenergie beschließen würde, hätte Strauß wohl kaum für möglich gehalten.

Am 4. Juni 1957 heiratete Strauß in der Klosterkirche in Rott am Inn Marianne Zwicknagl (1930–1984). Aus der Ehe gingen die Söhne Max (* 24. Mai 1959) und Franz Georg (* 5. Mai 1961) sowie die Tochter Monika (* 2. Juli 1962) hervor.

Von der Atomrüstung zur Spiegel-Affäre: Bundesminister für Verteidigung

Franz-Josef Strauß als Verteidigungsminister bei einem Manöverbesuch 1960 (Bild: US Army)

»Ich bin lieber ein kalter Krieger als ein warmer Bruder«, sagte Strauß einmal, in damals noch salon- (und bierzelt-)fähiger Homophobie. Die Aussage war von bewaffnender Ehrlichkeit. Sie bezeichnet sein Handeln als Minister. »Wer noch einmal ein Gewehr in die Hand nehmen will, dem soll die Hand abfallen«, soll Strauß noch 1949 gesagt haben. Diese angebliche Äußerung aus dem ersten Bundestagswahlkampf gehört zu jenen Zitaten, die von Gegnern immer wieder mit Franz Josef Strauß in Verbindung gebracht werden. Er selbst äußerte sich 1975 in einem Gespräch mit dem Publizisten Johannes Gross mit einer Selbstdeutung, ohne konsequent zu dementieren: »... Die Äußerung, die mir hier in den Mund gelegt wird, ist nur im Zusammenhang zu verstehen, so wie ich ihn oft dargelegt habe: Dass nämlich jedem Staatsmann, der zum Gewehr greift, um damit seine politischen Ziele durchzusetzen, und ich meinte damit Hitler mit dem Angriffsbefehl gegen Polen, die Hand abfallen soll.« (Eine für Strauß nicht untypische Doppelstrategie, sehr nah am Selbstwiderspruch: Er habe es nicht gesagt und außerdem anders gemeint, könnte man sarkastisch zusammenfassen.)

Am 16. Oktober 1956 wurde er als Nachfolger von Theodor Blank zweiter Verteidigungsminister der Bundesrepublik Deutschland (Kabinett Adenauer II). Bereits 1957 legte er Pläne für eine atomare Bewaffnung der Bundeswehr vor. Adenauer und Strauß trieben eine militärische Nutzung von amerikanischen Atomwaffen durch die Bundeswehr energisch voran. Im April 1957 kam es deswegen zu einer Kontroverse mit namhaften Atomphysikern (darunter Otto Hahn, Werner Heisenberg, Walther Gerlach und Carl Friedrich von Weizsäcker) um deren kritisches Göttinger Manifest. In der Folge verstieg sich der hitzköpfige Strauß zu einer abfälligen und beleidigenden Äußerung über Otto Hahn gegenüber Journalisten. Kanzler Adenauer musste die Situation bei einem Empfang der Wissenschaftler im Kanzleramt entschärfen.

Vor der Bundestagswahl 1957 bemühte sich die Opposition vergeblich, die weitverbreitete Ablehnung der Atombewaffnung im Wahlkampf zu nutzen. Das »Wirtschaftswunder« wurde weithin Adenauer zugerechnet. Die Zufriedenheit mit dem Aufschwung überdeckte die Angst vor einem atomaren Krieg. Die Kampagne »Kampf dem Atomtod« war dennoch eine wesentliche Erneuerung der in den 1920ern entstandenen pazifistischen Bewegung. Die CDU/CSU erzielte einen großen Wahlerfolg und erreichte die absolute Mehrheit, Strauß wurde erneut Verteidigungsminister. Am 25. März 1958 wurde die atomare Ausrüstung der Bundeswehr beschlossen, so dass diese dann tatsächlich im Rahmen der »Nuklearen Teilhabe« der NATO im Kriegsfall Nuklearwaffen einsetzen konnte.

Charles de Gaulle und Strauß 1962, Bild: Bundesarchiv, Bild 183-83742-0001 / CC-BY-SA

Strauß betrieb unterdessen eine Art der Vergangenheitsbewältigung, die man sich direkt nach dem Krieg nicht hätte träumen lassen. Er setzte sich nämlich derweil vehement für eine militärische Unterstützung des neugegründeten Staates Israel ein. Die Rüstungskooperation war in Israel wie Deutschland höchst umstritten, aber im Rahmen der Wiedergutmachungsansätze für beide wichtig: Deutschland suchte einen neuen Platz unter den Völkern, Israel war von Feinden umgeben. Volumen und Umfang der zwischen Konrad Adenauer und David Ben Gurion beschlossenen Zusammenarbeit wurden zunächst geheim gehalten. Strauß setzte sich dabei auch über gesetzliche Vorgaben und Richtlinien hinweg, was nur teilweise die Rückendeckung Adenauers hatte.

1958 wurde beim Bonner Führungsstab ein Referat »Psychologische Kampfführung« eingerichtet – die »Absicht unseres Gegners, Verwirrung, Angst und Zweifel zu verbreiten«, erklärte Strauß mit Blick auf die angeblichen »zahlreichen kommunistischen Tarngruppen« im Lande, »muß mit allen Mitteln verhindert werden«.

Allerdings konnten nach Angaben von Kritikern höchst dubiose Kräfte dort Berater werden: Eberhard Taubert (1907–1976), der hoher Funktionär im Reichsministerium für Volksaufklärung und Propaganda gewesen war und das Drehbuch zu dem äußerst üblen antisemitischen Hetzfilm »Der ewige Jude« geschrieben hatte, soll dort laut »Spiegel« auch nach Enttarnung seines Pseudonyms im Hintergrund aktiv gewesen sein, was vom Ministerium dementiert wurde. Dass Strauß allerdings persönlich Taubert ins Ministerium geholt haben soll, wie gelegentlich zu lesen ist, ist hingegen nicht belegt.

Nun, dass Strauß' Amtsführung umstritten war, ist allerdings noch milde ausgedrückt. Ein ehemaliger Verkäufer des US-Rüstungsunternehmens Lockheed behauptete, dass Strauß Gelder im Zusammenhang mit dem Verkauf von Flugzeugen des Typs Lockheed Constellation und Electra an die Lufthansa erhalten habe. Wegen Strauß' indirekter Beteiligung an dem Bauunternehmen Fibag wurde ihm Vorteilsnahme vorgeworfen, als er die Fibag der US Army für den Bau von Soldatenwohnungen empfohlen haben soll. Ein Untersuchungsausschuss entlastete Strauß in dieser Affäre, jedoch nur mit knapper Mehrheit. Doch es kam noch krasser.

Die Starfighter-Affäre

»Starfighter« der Luftwaffe – Bundesarchiv, B 145 Bild-F027437-0009 / Berretty / CC-BY-SA

Der Kauf bzw. die Lizenzproduktion von 916 US-amerikanischen F-104G-»Starfighter«-Kampfflugzeugen führte zum Lockheed-Skandal, der in Deutschland auch Starfighter-Affäre genannt wurde. Der Hersteller hatte in mehreren NATO-Staaten die Entscheidung zur Beschaffung des Modells durch Geld beeinflusst. Die gegen Strauß vorgebrachten Bestechungsvorwürfe konnten jedoch nicht bewiesen werden.

Klar ist: Die deutsche Variante des Starfighters stellte sich (269 Abstürze, 116 tote Piloten) als unsicher heraus und wurde als »Witwenmacher« der Luftwaffe bitter verspottet. Doch welche Rolle spielte Strauß?

Die Strauß-freundliche Hanns-Seidel-Stiftung stellt es so dar:

»Obwohl Franz Josef Strauß in einer Presseerklärung vom Oktober 1971 glaubhaft machen konnte, dass die Beschaffung des Flugzeugs u.a. auf Anraten der militärischen Führung bzw. mit Billigung der entsprechenden parlamentarischen Gremien erfolgt war, und sich die von Ernest Hauser vorgebrachten Beweise als Fälschungen erwiesen, hielten sich weiterhin hartnäckig Gerüchte um Schmiergeldzahlungen. Gegen diese vor allem in den Medien geführte öffentliche Auseinandersetzung ging Strauß auch juristisch vor. Im September 1976 kam es in der Endphase des Bundestagswahlkampfes 1976 zu einer Verschärfung der Diskussion, als Ermittlungen über den Verbleib der im Bundesverteidigungsministerium geführten »Lockheed-Akten« angestellt wurden. Im Laufe der Untersuchungen stellte sich heraus, dass ein großer Teil der Akten bereits 1962 aus Platzmangel vernichtet, etwa 400 Ordner ohne Kenntnis des Ministers in das

Bundesfinanzministerium 1967 verbracht und nach Ende 1969 auf 14 Ordner komprimiert worden waren. Dieser Restbestand wurde dann noch vor der Wahl durch Friedrich Voss, dem damaligen Referenten von Franz Josef Strauß, Journalisten zugänglich gemacht. Die dabei vorgelegten Unterlagen konnten die gegen Franz Josef Strauß bestehenden Verdachtsmomente nicht bestätigen.«

Die mit entscheidende Formulierung in dieser Version ist »aus Platzmangel«. Das mag glauben, wer will – juristisch zählten Beweise, und die gab es nun mal nicht.

Dass Strauß jedoch beim Kauf des einstrahligen Jägers nicht im Alleingang bar jeder Vernunft handelte, geht auch aus der Version des »Spiegel« hervor:

»Dem Verteidigungsministerium lagen in der Tat zwei amerikanische Lieferangebote für einen Abfangjäger vor: Die kalifornische Firma Lockheed bot ihren Starfighter F-104 an, und die Firma Grumman offerierte ihren Super Tiger. Beide Typen galten als der letzte Schrei diesseits des Eisernen Vorhangs, mit denen zur Not etwas gegen die überschnellen Sowjet-Maschinen vom Typ Mig 21 auszurichten sei.

Von den beiden amerikanischen Modellen erfreute sich der Starfighter aus Kalifornien der besonderen Vorliebe des Generalleutnants Kammhuber. Der Inspekteur der neuen deutschen Luftwaffe hatte ihn selbst probegeflogen und war von dem 2400 Stundenkilometer schnellen Typ begeistert. Doch nicht nur der Fürsprache des Generals wegen standen die Chancen der F-104 gut. Hinzu kam, daß Testpilot Albert Werner über das von den Franzosen angebotene Konkurrenzmodell Mirage III A anfangs wenig Gutes berichten konnte. Als Werner den Deltaflügler der französischen Firma Dassault zum erstenmal voll ausflog, machte die Maschine bei Überschallgeschwindigkeit Luftsprünge, von denen es später hieß, erst hätten der Mirage die Flügel und dann dem Oberstleutnant Werner die Hosen geflattert.

Die Konstrukteure von Dassault versprachen, beim nächsten Probeflug würden die Flattererscheinungen und einige weitere Mängel bestimmt beseitigt sein. Trotzdem blieb in Bonn die amerikanische F-104 Favorit. Denn auch die Amerikaner hatten sich verpflichtet, den für westdeutsche Verhältnisse größten Nachteil ihres Typs abzustellen: Sie versprachen, die mehr als anderthalb Kilometer lange Startstrecke erheblich zu verkürzen.

Damit schien der Fall entschieden ...«

Die Angelegenheit zog sich dann jedoch lange hin, weil die beiden konkurrierenden Unternehmen sich ständig mit angeblichen Verbesserungsvorschlägen überboten. Am Ende der Diskussion lag quasi ein Remis vor, und der Minister, kein (Militär-)Flugzeugexperte, musste entscheiden.

Hinzu kam, dass die Bundeswehr versuchte, den Schönwetter-Abfangjäger zu einer Art Universalwaffe umzurüsten. Das misslang. In Spanien, wo der Starfighter nur in seiner ursprünglichen Version und Funktion zum Einsatz kam, gab es keine Unfallserie. Anders in der Bundesrepublik.

Strauß unter Bundeswehrgenerälen, Bundesarchiv, Bild 183-83742-0001 / CC-BY-SA

Strauß gab nicht zuletzt der militärlosen Zeit nach Kriegsende die Schuld: »Leider mußte sich das Verteidigungsministerium bei seiner späten Konstituierung im Jahre 1955 mit Leuten abfinden, die den Anschluß an den Produktionsprozeß verloren hatten und auf dem Arbeitsmarkt noch frei verfügbar waren.« Aber Strauß verfolgte knallharte militärtaktische Ziele. Der Starfighter sollte Atomwaffen tragen, und die Bundeswehr unentbehrlicher Teil der atomaren Schlagkraft des Westens werden. Es sollte schnell gehen, bevor man es sich im Pentagon oder sonstwo anders überlegte. Zu schnell für manche Piloten und deren Angehörige.

In der Redaktion des Spiegel, wo diverse frühere Wehrmachtsangehörige schrieben, erinnerte man sich indessen an Ereignisse aus dem Jahr 1937, als Göring, der einstige Kampfflieger, im Eiltempo die Stuka-Staffeln für den Krieg hochzog:

»Allein im Jahre 1937 verlor die ehemalige Luftwaffe, die damals gleichzeitig neue Jäger, Bomber und Sturzkampfbomber («Stukas«) bei den Geschwadern einführte, 385 Flugzeuge. 1938 waren es 572 …«

Es wäre zynisch, wenn man diese Toten gegeneinander aufrechnen würde. Doch die Bundeswehr wurde damals nicht von Verkehrssicherheitsexperten oder Familienpolitikerinnen aufgebaut. Die hochrangigen Leute kamen großenteils aus der alten Wehrmacht, ein Wort wie »Blutzoll« auszusprechen, fiel ihnen nicht sonderlich schwer. Auch ein Kalter Krieg kann Tote fordern, die verunglückten Starfighter-Piloten gehören wahrscheinlich dazu. Über den Grad von Strauß' Mitverantwortung kann man, wie fast immer bei diesem Politiker, unterschiedlicher Meinung sein. Fest steht, dass es auch nach dessen unfreiwilligem Abgang aus dem Ministerium viele Jahre dauerte, bis aus dem vielfach umgerüsteten Bruchflieger ein stabiles System wurde.

Im Jahr 1978 spielte der Verbleib der Akten zum Starfighter-Kauf nochmals eine Rolle: in einem vom Deutschen Bundestag im Januar eingesetzten und bis Mai 1979 tagenden Untersuchungsausschuss. Hintergrund war der Skandal um ein Telefonat zwischen dem Chefredakteur der CSU-Parteizeitung »Bayernkurier«, Wilfried Scharnagl, und Franz Josef Strauß, das abgehört worden war. Im Verlauf des Gesprächs sollte Strauß angeblich eine Vernichtung von Akten zugegeben haben. Diese erneute Diskreditierung von Franz Josef Strauß erwies sich jedoch als eine Fälschung: Die Passage war nachträglich in das Abhörprotokoll eingebaut worden. Der Ausschuss schloss in seinem Abschlussbericht die Beteiligung fremder Dienste an der Abhöraktion nicht aus, eine Vermutung, die sich schließlich nach der Wiedervereinigung durch Unterlagen des Ministeriums für Staatssicherheit der DDR bestätigte. Anscheinend war die Stasi bestrebt gewesen, Strauß eine Art Watergate anzuhängen (dort hatten US-Präsident Nixon belastende Tonbänder eine Rolle gespielt). Im Übrigen: Wenn Strauß tatsächlich etwas zu verbergen gehabt haben sollte, wäre er schön dumm gewesen, irgendjemand etwas übers Telefon zu verraten. Dass diese abgehört werden können, dürfte der sicherheitsbewusste, ja -besessene »Kalte Krieger« schließlich gewusst haben.

Für Strauß und seine Karriere lief es unterdessen zunächst weiterhin sehr gut. Als Nachfolger des im Monat zuvor aus gesundheitlichen Gründen zurückgetretenen Hanns Seidel wurde Strauß im März 1961 auf einem außerordentlichen Parteitag der CSU mit 94,8 % der abgegebenen Stimmen zum Parteivorsitzenden gewählt; in dieser Funktion blieb er als unangefochtener Chef bis zu seinem Tod.

Nach der Bundestagswahl 1961 wurde Strauß erneut Verteidigungsminister, allerdings in einer Koalitionsregierung mit der FDP. Der Juniorpartner sollte sich für Strauß als Problem erweisen – allerdings in diesem Fall mit eigenem politischen Verschulden des CSU-Chefs.

Die Spiegel-Affäre

Millionen von Toten in Deutschland und Großbritannien binnen weniger Tage:

Es war ein Szenario des Grauens, das die NATO im Herbst 1962 probte. In der Spiegel-Ausgabe 41/1962 vom 10. Oktober erschien unter dem Titel Bedingt abwehrbereit ein von den Redakteuren Conrad Ahlers und Hans Schmelz verfasster Artikel zu den Resultaten des NATO-Manövers Fallex 62. Die Generäle waren von der Annahme ausgegangen, der dritte Weltkrieg beginne mit einem sowjetischen Großangriff auf Westeuropa. Der Artikel stellt das damalige Konzept eines atomaren Erstschlags (»pre-emptive strike«) und die entsprechende Rüstungspolitik unter Bundesverteidigungsminister Franz Josef Strauß in Frage: Die Bundeswehr sei aufgrund ihrer mangelhaften Ausstattung zu der von der NATO seit dem Amtsantritt des US-amerikanischen Präsidenten John F. Kennedy im Jahr 1961 bevorzugten

»konventionellen Vorwärtsverteidigung« gegen Truppen des Warschauer Pakts nicht in der Lage. Eine wirksame Abschreckung bleibe fraglich. Und nicht nur das, es fehle an nahezu allem:

»Es zeigte sich, daß die Vorbereitungen der Bundesregierung für den Verteidigungsfall völlig ungenügend sind, wobei das Fehlen eines Notstandgesetzes nur eines von vielen Übeln ist.

Das Sanitätswesen brach als erstes zusammen. Es fehlte an Ärzten, an Hilfslazaretten und an Medikamenten. Nicht besser war es auf dem Gebiet der Lebensmittelversorgung und der Instandhaltung lebenswichtiger Betriebe und Verkehrswege. Die Luftschutzmaßnahmen erwiesen sich als vollkommen unzureichend. Eine Lenkung des Flüchtlingsstroms war undurchführbar. Auch das Fernmeldesystem war in kürzester Zeit außer Betrieb.«

Und der vermeintlich Hauptschuldige wurde im Artikel auch gleich genannt: Strauß.

»Die Bundeswehr hat heute – nach fast sieben Jahren deutscher Wiederbewaffnung und nach sechs Jahren Amtsführung ihres Oberbefehlshabers Strauß – noch immer die niedrigste Nato-Note: zur Abwehr bedingt geeignet.«

Das Material zu dem Artikel hatte dem Spiegel der Leiter des Führungsreferats im Führungsstab des Heeres, Oberst Alfred Martin, zur Verfügung gestellt. Der Artikel war im Verhältnis zur Brisanz des Themas nicht gerade reißerisch formuliert. Auch war es keineswegs ein typischer »linker« Artikel, eher wurde Strauß' militärische Kompetenz in Frage gestellt, manche Formulierungen scheinen eher der Aufstockung des Verteidigungsetats das Wort zu reden. Doch durfte man die angebliche Schwäche des westlichen Bündnisses in aller Offenheit bloßstellen, so dass es selbstverständlich auch die Führungsspitze des Warschauer Pakts erfuhr? War dies nun berechtige, vielleicht notwendige kritische Berichterstattung oder hochgefährlicher Verrat von Geheimnissen?

Bundesanwalt Albin Kuhn jedenfalls vermutete Landesverrat und bat das Verteidigungsministerium um ein Gutachten. Der Würzburger Staatsrechtler und damalige Oberst der Reserve Friedrich August Freiherr von der Heydte erstattete unterdessen am 11. Oktober Anzeige wegen Landesverrates gegen die Redaktion des Spiegel. Nach Einholen eines Gutachtens beim Bundesverteidigungsministerium durch die Bundesanwaltschaft – die Ermittlungen leitete Siegfried Buback – erließ der Ermittlungsrichter beim Bundesgerichtshof die gewünschten Haftbefehle und Durchsuchungsanordnungen. Die Haftbefehle betrafen mehrere Spiegel-Redakteure, darunter Conrad Ahlers, Claus Jacobi und Johannes K. Engel, sowie den Herausgeber und Chefredakteur Rudolf Augstein.

Am Abend des 26. Oktober, einem Freitag, begann dann die Besetzung und Durchsuchung der Spiegel-Räume im Hamburger Pressehaus. Auf Anweisung von Chefredakteur Claus Jacobi übernahm nun der damalige Chef vom Dienst Johannes Matthiesen einen redaktionellen Arbeitsstab, der die Weiterarbeit an der laufenden Spiegel-Ausgabe Nr. 44 leisten sollte. Schließlich gab Matthiesen nach Anordnung des Ersten Staatsanwalts Buback am späten Abend »die Druckfahnen vollständig unter Einlegung eines Einspruchs heraus«. Der damalige Hamburger Innensenator Helmut Schmidt wurde gegen 20:30 Uhr informiert, dass eine Aktion gegen den Spiegel begonnen hatte. Schmidt machte sofort »schwere politische Bedenken« geltend und sah in dieser Aktion »eine außerordentliche Belastung der Debatten um die Notstandsgesetzgebung«; gleichwohl wies er den Hamburger Kriminaldirektor Erhard Land an, die vom Bundesinnenministerium erbetene Amtshilfe zu gewähren.

Noch in der Nacht wurde Conrad Ahlers, der zusammen mit seiner Frau in Torremolinos im Urlaub war, von der spanischen Polizei verhaftet; dass Strauß dies über den Madrider Militärattaché Achim Oster im von Diktator Franco regierten Spanien veranlasst hatte, erregte bei der Opposition besondere Empörung. Zwei Tage später, am Sonntag, dem 28. Oktober, stellte sich Rudolf Augstein der Polizei und wurde in Untersuchungshaft genommen.

Doch nun regte sich Widerstand außerhalb der Spiegel-Redaktion. Diese harten Polizeimaßnahmen führten in Teilen der Bevölkerung, insbesondere bei Studenten, zu Protesten. Mehr noch: Die übrige Presse sah in der Aktion einen Angriff auf die Pressefreiheit – auch Medien, die dem Spiegel fern standen, schlossen sich an. Die »Durchsuchung« der Redaktionsräume des Spiegel dauerte wochenlang an – war das noch Sorgfalt der Ermittler oder schon Schikane gegen ein kritisches Magazin? Jedenfalls ermöglichte neben den ebenfalls im Hamburger Pressehaus untergebrachten Medien Zeit, Stern und Morgenpost auch die Springer-Presse den Spiegel-Redakteuren die Nutzung von Räumen und Ressourcen, so dass das Magazin weiterhin erscheinen konnte.

Während einer tumultartigen Fragestunde im Bundestag am 7. November 1962 verteidigte Bundeskanzler Adenauer (CDU) die scharfen Maßnahmen mit den Worten »Wir haben« (fortgesetzte Zwischenrufe von der SPD) »einen Abgrund von Landesverrat im Lande« (Abgeordneter Seuffert: »Wer sagt das?«) »Ich sage das.«

Nach dieser Positionierung konnte die Regierung sich nicht mehr heraushalten.

Die Debatte in der Republik zog sich im Zuge der andauernden Besetzung der Redaktion hin und weitete sich aus, eine Welle der Proteste rollte über die offenbar nicht darauf gefasste Regierung hinweg. Im Laufe des November weitete sich die Spiegel-Affäre zu einer Regierungskrise innerhalb des Kabinetts Adenauer aus. Strauß hatte zunächst beteuert, mit der ganzen Aktion nichts zu tun zu haben, geriet aber im Laufe der Zeit immer stärker in Verdacht, im Detail über die Aktionen informiert gewesen zu sein und sie auch selbst vorangetrieben zu haben. Die FDP war darüber erbost, dass der den Liberalen angehörende Justizminister Wolfgang Stammberger im Vorfeld der Aktion nicht informiert worden war – auch hierfür trug Strauß die Verantwortung: Er hatte es dem Staatssekretär im Justizministerium, Walter Strauß, untersagt, Stammberger zu informieren. Am 19. November erklärten alle fünf FDP-Minister ihren Rücktritt aus Protest gegen den Verteidigungsminister Strauß.

Damit war klar: Entweder Strauß geht, oder die Regierung ist am Ende. Am 30. November erklärte dieser schließlich seinen Verzicht auf das Amt des Verteidigungsministers. Strauß schien am Ende seiner zunächst so glänzenden Karriere angelangt. Der machtbewusste Adenauer hingegen schaffte es, sich im Amt zu halten und eine neue Regierung ohne Strauß zu bilden. Der Kanzler 1963: »Ich habe Herrn Strauß geraten, zwei Jahre Pause zu machen und die Politik ganz sein zu lassen«.

Die verhafteten Spiegel-Redakteure wurden nach und nach aus der Untersuchungshaft entlassen – Hans Schmelz, der den Hauptanteil der Recherchen beigesteuert hatte, nach 81 Tagen; zuletzt auch Rudolf Augstein nach 103 Tagen. Im Januar 1963 ermittelte die Bundesanwaltschaft im Gefolge der Ereignisse auch gegen den damaligen Hamburger Innensenator Helmut Schmidt wegen Beihilfe zum Landesverrat. Hintergrund war, dass Schmidt im Herbst 1962 der Bitte seines Studienfreunds Conrad Ahlers um Überprüfung von Auszügen des kurz vor der Veröffentlichung stehenden Artikels »Bedingt abwehrbereit« auf strafrechtliche Veröffentlichungshindernisse nachkam. Dieses Verfahren wurde erst Anfang 1965 eingestellt.

Am 13. Mai 1965 entschied der 3. Strafsenat des Bundesgerichtshofs, dass keine Beweise vorlägen, die einen wissentlichen Verrat von Staatsgeheimnissen durch Conrad Ahlers und Rudolf Augstein belegen würden. Der Clou: Die im Artikel genannten militärstrategischen und waffentechnischen Details waren zum Großteil bereits zuvor in anderen Medien veröffentlicht worden, zum Beispiel in einem offenen Bericht des Verteidigungsausschusses des Bundestages und in der Frankfurter Allgemeinen Zeitung. Sie entsprachen »dem damaligen Stand der öffentlichen Unterrichtung« und stellten keinen Erkenntnisgewinn für gegnerische Geheimdienste dar. Somit wurde die Eröffnung eines Hauptverfahrens gegen Ahlers und Augstein abgelehnt. Die Behörden, die den Landesverrat gewittert hatten, waren gründlich blamiert.

In der veröffentlichten Meinung wurde ein starkes Misstrauen gegen das fragwürdige Zusammenspiel von Regierung und Justiz laut. Von Teilen der Presse und von namhaften Juristen wurden Parallelen zum Weltbühne-Prozess gezogen. (In der Weimarer Republik hatten pazifistische Journalisten über den gegen die Versailler Bestimmungen verstoßenden Aufbau einer deutschen Luftwaffe berichtet und waren dafür in einem politischen Prozess verurteilt worden.) So veröffentlichte nun BGH-Senatspräsident Heinrich Jagusch den vielbeachteten Artikel »Droht ein neuer Ossietzky-Fall?«. Die Erinnerung an den Weltbühne-Prozess trug dazu bei, dass die Öffentlichkeit in der Bundesrepublik in diesem Fall einen ähnlich gelagerten Eingriff in die Pressefreiheit nicht hinnehmen wollte.

Der Spiegel-Verlag wollte durch das Bundesverfassungsgericht feststellen lassen, dass die Durchsuchungsanordnung und Beschlagnahme gegen die Pressefreiheit verstoßen habe. Die Entscheidung war denkbar knapp. Bei Stimmengleichheit der Verfassungsrichter wurde die Beschwerde 1966 zurückgewiesen.

Die Affäre gilt als wesentliche Stärkung der Pressefreiheit und der Rolle des investigativen Journalismus – obwohl man Letzteres ein Stück weit bezweifeln darf. Denn der BGH hatte ja gerade festgestellt, dass in dem Artikel im Grunde wenig Neues stand. Dennoch war damit ein Mythos um das Hamburger Nachrichtenmagazin begründet, infolgedessen der Spiegel später immer wieder brisantes Material zugespielt bekam. Die investigative Leistung bestand dann vor allem darin, herauszufinden, woran wirklich etwas dran war.

Und Strauß? Er weigerte sich, klein beizugeben. Dabei mag eine Rolle gespielt haben, dass er sich als Adenauers Bauernopfer gesehen haben konnte. Doch er vermied es, den Versuch zu unternehmen, Adenauer mit sich zu reißen. Er wusste wohl, dass er sich damit nur selbst geschadet hätte – und dass die Zeit des »Alten« ohnehin gezählt war, während er selbst noch viele Jahre Politik machen und auf ein Comeback setzen konnte.

Wäre Strauß »nur« ein CDU-Landesvorsitzender gewesen, wäre es schlechter um ihn bestellt gewesen. Doch seine blau-weiße Fraktion stand hinter ihm, nicht ohne Trotz gegen die Liberalen, die ihren Chef gestürzt hatten.

Ab Dezember 1962 war Strauß Vorsitzender der CSU-Landesgruppe im Deutschen Bundestag und damit gleichzeitig Erster Stellvertretender Vorsitzender der CDU/CSU-Bundestagsfraktion.

Die Plisch-und-Plum-Phase: Bundesminister für Finanzen

Mitte der 1960er Jahre wollte die SPD endlich die harten Oppositionsbänke verlassen. Willy Brandt warb dafür, über den Weg als Juniorpartner der Union an die Regierung zu kommen. Im Kabinett eines Bundeskanzlers Kurt Georg Kiesinger saßen Leute mit bemerkenswerter Vergangenheit. Kiesinger, der einst in der NSDAP und unter Ribbentrop im Auswärtigen Amt gewesen war, kooperierte unter anderem mit dem früheren Kommunisten Herbert Wehner, einstmals im Moskauer Exil (und wohl verstrickt in die Großen Säuberungen, was damals jedoch noch nicht bekannt war).

Und man kooperierte mit Strauß. Dieser wurde im Dezember 1966 Bundesminister der Finanzen. Dieter Hildebrandt wunderte sich, der Wiederaufstieg von Strauß komme so schnell, dass man »als Kabarettist gar nicht nachkommt«.

Obwohl er zuvor gerne und hart die verbale Konfrontation mit der SPD gesucht hatte, arbeiteten Strauß und Wirtschaftsminister Karl Schiller (SPD) nun offenbar vertrauensvoll und erfolgreich zusammen.

Strauß 1966 – Bild: Bundesarchiv, B 145 Bild-F022413-0018 / Engelbert Reineke / CC-BY-SA

Schon bald erhielten beide die Spitznamen »Plisch und Plum«, nach der Hundegeschichte von Wilhelm Busch, denn in ihrem intuitiven Einvernehmen trotz gegensätzlicher Erscheinung (der eine gedrungen, der andere hager) erinnerten sie an Buschs Titelfiguren. Über Schiller erging sich Strauß in ausgesuchter Höflichkeit: »In ihm zeigt sich eine Verbindung von hoher wissenschaftlicher Leistung und praktischem Sinn.«

Das sollte natürlich nicht als Linksruck von Strauß missverstanden werden. Der Wirtschaftswissenschaftler und SPD-Politiker Schiller hatte seine Laufbahn systemkonform im Nationalsozialismus begonnen. Ab 1946 war er SPD-Mitglied, es war ihm in den 50ern gelungen, seine vormals sozialistische Partei von der Marktwirtschaft zu überzeugen, er gehörte zu den Initiatoren des Godesberger Programms. In der Großen Koalition dann wurde er geradezu zum Medienstar, als es ihm gelang, das Land aus der ersten Rezession nach dem Krieg zu bringen. Strauß' außerhalb Bayerns fragwürdiges Image profitierte von der Nähe zu Schiller. Etwas pikiert meinte Strauß einmal, »Kollege Schiller tut gern so, als sei er doch der Führer und der Finanzminister nur der Ministrant« im Duo.

Der Oppositionspolitiker

Im Jahr 1969 gelang Willy Brandt die Bildung der sozialliberalen Koalition. Strauß fand sich mit den anderen Unionspolitikern auf den Oppositionsbänken wieder. Strauß wetterte dort lautstark gegen die Ostpolitik des ersten SPD-Bundeskanzlers. Die Ostverträge mit der UdSSR und Polen (1970) und den Grundlagenvertrag (1972) lehnte er entschieden ab, sah in ihnen statt eines überfälligen Entspannungssignals ein Zurückweichen vor sowjetischen Hegemonialansprüchen. Auch der Friedensnobelpreis für Brandt änderte daran nichts.

1971 bis 1978 war er wirtschafts- und finanzpolitischer Sprecher der CDU/CSU-Fraktion im Bundestag. In den Schattenkabinetten von Rainer Barzel (1972) und Helmut Kohl (1976) war Strauß als Finanzminister vorgesehen. Sein alter Kooperationspartner Schiller, zwischenzeitlich »Superminister« für Wirtschaft und Finanzen, war unterdessen unter Protest zurückgetreten, weil seine Kabinettskollegen nicht eingesehen hatten, dass zu der von ihm propagierten keynesianischen Wirtschaftspolitik nicht nur das Geldausgeben in der Krise, sondern auch das Sparen im Boom gehörte. Aus jener Zeit stammt die blumige Rede des Franz Josef Strauß vom Schuldenberg, aus der wir oben zitiert haben.

Chile: Strauß und die Diktatur

»Angesichts des Chaos, das in Chile geherrscht hat, erhält das Wort Ordnung für die Chilenen plötzlich wieder einen süßen Klang.«

Das Ereignis, das Strauß hier so wohlwollend kommentiert, war nichts anderes als die Errichtung der Militärdiktatur in Chile durch den Putschisten General Pinochet. Heute wissen wir sehr genau, dass die Militärs anschließend verantwortlich waren für die systematische Verhaftung oppositioneller Politiker und Gewerkschafter, für tausendfachen Mord, für »Verschwindenlassen«, Folter und Terror. Die schrecklichen Details und genauen Zahlen mögen damals noch nicht so bekannt gewesen sein, zumal obige Äußerung ganz zu Beginn der Diktatur fiel. Doch niemand kann sagen, man habe es nicht wissen können. Das Zitat ist kein einzelner Ausrutscher oder eine vorläufige Fehleinschätzung, die Strauß später fundamental korrigiert hätte, er relativierte sie später nur durch differenziertere Aussagen.

Das wurde deutlicher, als er 1977 während einer Südamerika-Reise auch Chile besuchte und sich mit Pinochet traf. Es ist zu bedenken, dass Strauß keineswegs ein Regierungschef war, der aus diplomatischen Gründen mit dem Junta-Führer hätte verkehren müssen. Zwar sprach Strauß auch die Menschenrechte an. Wenn er dort jedoch eine »weitere Demokratisierung« forderte, ist dies mindestens ebenso sehr eine Beschönigung der realen Verhältnisse wie eine Kritik an ihnen. Von einer bereits begonnenen Demokratisierung, die ja das Wort »weitere« suggeriert, konnte damals noch keine Rede sein. Die Zahl der Neuverhaftungen war lediglich deshalb zurückgegangen, weil die Neinsager in der Diktatur bereits tot, geflohen oder durch Terror zum Schweigen gebracht worden waren.

In Santiago de Chile ließ sich Strauß ungeniert die Ehrendoktorwürde der Rechtswissenschaft verliehen – in einem Land, das unübersehbar die Menschenrechte mit Füßen trat. Und, noch krasser: Im Zuge dieser Reise besuchte er auch die Colonia Dignidad, eine bereits damals wegen ihrer Menschenrechtsverletzungen – gelinde gesagt – umstrittene Kolonie von mehr als 200 Auslandsdeutschen. Seit dem Putsch im September 1973 bestand zwischen der chilenischen Militärdiktatur und der Kolonie eine enge Kooperation, während der Pinochet-Diktatur von 1973 bis 1990 fungierte sie als Folterzentrum des Geheimdienstes DINA. Für seinen Besuch dort wurde Strauß scharf kritisiert, wenngleich er zum Gründer Paul Schäfer nach Angaben der Hanns-Seidel-Stiftung vor und nach seinem Besuch keine persönlichen Kontakte unterhielt. Die Colonia Dignidad wurde 1994 geschlossen, unter anderem wegen systematischer Kindesmisshandlung.

2004 verurteilte ein chilenisches Gericht Schäfer, den ehemaligen »Herrn über Leben und Tod«, in Abwesenheit wegen des sexuellen Missbrauchs von 27 Kindern.

22 weitere chilenische und deutsche Mitglieder der Colonia wurden für schuldig befunden, den Kindesmissbrauch vertuscht und die Justiz behindert zu haben. Besonders bemerkenswert: Schäfer hatte sich um 1960 aus Deutschland nach Chile abgesetzt, nachdem die Behörden gegen ihn wegen des Verdachts auf sexuellen Missbrauchs ermittelt hatten. Das war 17 Jahre vor Strauß' Besuch in der Colonia.

Es ist fraglich, ob Strauß' Chile-Besuch dadurch relativiert wird, dass er auch einer linksgerichteten Diktatur, die die Menschenrechte mit Füßen trat, einen Besuch abstattete. Schon 1975 traf sich Strauß als erster westdeutscher Politiker aufgrund eigener Initiative mit dem chinesischen Parteichef Mao Zedong.

Von Sonthofen bis zum »Deutschen Herbst«

1974 sorgte Strauß mit der sogenannten Sonthofen-Strategie für eine teils erzürnte Debatte. Bei einer Klausurtagung der CSU-Landesgruppe des Bundestages vertrat Strauß nämlich die Ansicht, die Partei sollte für die damaligen wirtschaftlichen Probleme – gestiegene Arbeitslosigkeit, Wirtschaftsflaute, Schulden – keinerlei Lösungen anbieten. Das Ziel: Nach dem erwarteten katastrophalen Scheitern der Regierungspolitik sollten die eigenen Wahlchancen steigen. Die interne Rede wurde dem Spiegel zugespielt und in zugespitzter Manier veröffentlicht. Es war wieder einmal ein Straußsches Eigentor: Die Sonthofen-Strategie wurde dann häufig als skrupelloses parteipolitisches Taktieren bewertet. Das war sie auch – indessen ging das machiavellistisch angehauchte Konzept ohnehin nicht auf. Strauß' Machtpolitik kam bei seinen Getreuen gut an, weniger jedoch in der politischen Mitte, wo in aller Regel Wahlen gewonnen werden. Außerdem agierte die SPD-FDP-Koalition unter Helmut Schmidt keineswegs so unbeholfen wie von Strauß erhofft, und der Volkswirt Schmidt wusste sich als Wirtschaftsexperte, ja selbst als »Vorstandsvorsitzender der Deutschland AG« zu verkaufen.

Eher amüsant kommt unterdessen die »Saustall-Episode« daher: In einer Rede beim Politischen Aschermittwoch 1975 bezichtigte Strauß die SPD-geführte Bundesregierung, »einen Saustall ohnegleichen angerichtet« zu haben. Daraufhin warf Altbundeskanzler Willy Brandt ihm vor, »die Bundesrepublik Deutschland einen Saustall« genannt zu haben. Die gegen Brandt gerichtete Unterlassungsklage gewann Strauß auch in zweiter Instanz.

Bei der Bundestagswahl 1976 gelang der Union der Regierungswechsel nicht. Zwar wurde die CDU/CSU mit ihrem Spitzenkandidaten Helmut Kohl stärkste Kraft, konnte jedoch keine Koalition bilden. Um es in dem von Strauß geprägten Bild zu sagen: Der »Schwanz« FDP zog es vor, mit dem anderen »Hund« zu wedeln.

Danach kündigte Strauß im Kreuther Trennungsbeschluss die Fraktionsgemeinschaft mit der CDU auf und plante, die CSU auf das ganze Bundesgebiet auszuweiten. Das sollte zwar in der Summe die Wahlchancen der Unionsparteien verbessern, wäre aber selbstverständlich – so die Ausdehnung denn gelungen, sprich beim Wähler angekommen wäre – massiv zu Lasten der CDU gegangen. Das unabgesprochene Vorhaben rief den gesunden Machtinstinkt eines Helmut Kohl auf den Plan. Die CDU drohte ihrerseits, dann eben einen eigenen Landesverband in Bayern zu gründen, was natürlich wiederum die CSU geschwächt und wahrscheinlich zu einer Koalition mit entsprechenden Kompromissen gezwungen hätte. Der so selbstbewusst, wenn nicht selbstherrlich gefasste Beschluss von Kreuth wurde drei Wochen später nach heftigen innerparteilichen Auseinandersetzungen wieder zurückgenommen. Kohl hatte damit zugleich die erste große Auseinandersetzung mit dem »bayerischen Löwen« gewonnen. Das Verhältnis zur CDU, insbesondere Helmut Kohl, blieb danach dauerhaft gespannt – nach außen inszenierte man eine Männerfreundschaft, hinter den Kulissen lieferten die beiden sich einen langjährigen Machtkampf.

Kohl und Strauß, Bundesarchiv, B 145 Bild-F048762-0030 / Storz / CC-BY-SA

Nicht immer gelang es, die Angelegenheit hinter den Kulissen zu halten. Gleich zu Beginn gab es ein PR-Desaster, die »Wienerwald-Rede«. In einer CSU-internen Veranstaltung in der Hauptverwaltung des Wienerwald-Konzerns in München, kurz nach dem Kreuther Beschluss und der Gegenreaktion Kohls, hatte Strauß, die CDU und insbesondere Helmut Kohl deftig angegriffen: »Er [Helmut Kohl] ist total unfähig. Ihm fehlen die charakterlichen, die geistigen und die politischen Voraussetzungen. Ihm fehlt alles dafür [fürs Kanzleramt]«. Die Rede wurde von einem Unbekannten mitgeschnitten und bald darauf vom Spiegel genüsslich veröffentlicht.

Auch als Prophet versuchte sich Strauß – mit äußerst bescheidenem Erfolg: »Der Helmut Kohl wird nie Kanzler werden. Der wird mit 90 Jahren die Memoiren schreiben: ‚Ich war 40 Jahre Kanzlerkandidat; Lehren und Erfahrungen aus einer bitteren Epoche'. Vielleicht ist das letzte Kapitel in Sibirien geschrieben worden oder wo.«

Auch in der Zeit des RAF-Terrorismus fiel Strauß nicht gerade durch Zurückhaltung auf. Im Deutschen Herbst 1977 durfte Strauß an der Bonner Krisenrunde teilnehmen, die während der Entführung von Hanns Martin Schleyer durch die RAF regelmäßig tagte. Als Bundeskanzler Helmut Schmidt die Anwesenden nach »exotischen« Ideen fragte, sagte Strauß angeblich, der Staat könne die inhaftierten RAF-Terroristen als Geiseln nehmen und gegebenenfalls erschießen. Der genaue Wortlaut ist nie öffentlich geworden. Im Jahr 2007 schilderte Schmidt Strauß' Aussage weniger drastisch; er bezeichnete sie allerdings nach wie vor als »befremdlich«.

Die Kanzlerkandidatur

Trotz Kreuth, trotz der Kämpfe mit Kohl hatte Strauß Anhänger in der CDU. Seine Wahlerfolge in Bayern verschufen ihm Respekt. 1979 setzte sich Strauß dann tatsächlich in der CDU/CSU-Bundestagsfraktion mit 135:102 Stimmen als Kanzlerkandidat der Union gegen den niedersächsischen Ministerpräsidenten Ernst Albrecht durch. Pikant: Albrecht war Kohls Favorit gewesen. Also trat Strauß bei der Bundestagswahl 1980 als Herausforderer von Schmidt an. Der Wahlkampf der beiden als autoritär geltenden Machtmenschen wurde knallhart geführt.

Strauß wurde zwar seitens der Union als »Kanzler für Frieden und Freiheit« beworben, gegen ihn wurde aber eine massive Stoppt-Strauß-Kampagne geführt. Alle Affären der Vergangenheit wurden wieder hochgekocht, seine polemischen Aussagen, so sie öffentlich geworden waren, erneut zitiert. Was ihm vor seinen Anhängern Applaus und Gejohle eingebracht hatte, säte bei den Wählern der Mitte Zweifel: »Ist der wirklich so?« Und Schmidt antwortete: »Der ist wirklich so.«

Imagepflege als Familienmensch: Strauß mit Tochter Monika — KAS/ACDP 10-001: 2204 CC-BY-SA 3.0 DE

Profiteur des Zweikampfs war am Ende nicht zuletzt, als lachender Dritter, die FDP. Im Wahlkampf kam es sogar zu gewaltsamen Ausschreitungen bei einer Strauß-Kundgebung in Bremen. Wenige Tage vor der Wahl wurde ein folgenschwerer Anschlag auf das Oktoberfest in München verübt. Strauß beschuldigte die RAF. Das erwies sich bereits am Folgetag als Fehleinschätzung. Zudem erhob er schwere Vorwürfe gegen das FDP-geführte Bundesinnenministerium, was im Wahlkampf auch wiederum gegen ihn gewendet wurde.

Strauß' Griff nach der Macht im Bund scheiterte. CDU und CSU erhielten weniger Prozente als bei den Wahlen 1976, bei denen Dauerrivale Helmut Kohl Kanzlerkandidat der Union gewesen war (44,5 % gegenüber 48,6 %), die FDP verbuchte mit 10,6 % erhebliche Stimmengewinne, vor allem dank verunsicherter Unionswähler.

Dahoam: Bayerischer Ministerpräsident

Ministerpräsident Strauß auf dem CSU-Parteitag 1987, Bundesarchiv, B 145 Bild-F076925-0025 / Storz / CC-BY-SA

Ungleich besser war es in seiner Heimat gelaufen. 1978 hatte sich Strauß als Kandidat bei den bayerischen Landtagswahlen aufstellen lassen und wurde zum Nachfolger des aus Altersgründen nicht mehr kandidierenden Alfons Goppel zum Ministerpräsidenten gewählt. Seitdem war Strauß Landtagsabgeordneter in Bayern, sein Bundestagsmandat legte er am 29. November 1978 nieder.

Akzente setzte er unter anderem damit, gegen heftige Proteste von Umweltschützern ein umstrittenes Großprojekt voranzutreiben. Unter seiner politischen Führung wurden unter anderem die wesentlichen Bauabschnitte des Main-Donau-Kanals begonnen und fertiggestellt. Die altehrwürdige »Encyclopedia Britannica« nennt den Bau eines der größten Ingenieursprojekte aller Zeiten.

Der Kanal wurde zum bundesdeutschen Politikum, als Bundesverkehrsminister Volker Hauff (SPD) sich von dem Projekt mit markigen Worten distanzierte. Selbst vor einem Vergleich mit dem Turmbau zu Babel schreckte der Kanalgegner nach dem Kurswechsel nicht zurück. Es ging nun nicht mehr nur um umweltschützerische Bedenken, sondern auch um die Wirtschaftlichkeit. Bund und Bayern legten weit auseinanderliegende Zahlen zur erwarteten Auslastung vor. Und Kabarettist Dieter Hildebrandt witzelte etwas voreilig, in Hamburg heiße es »Schiff ahoi«, in Nürnberg werde man sagen: »Hoi, a Schiff!« Doch Bayern beharrte auf der Erfüllung der Verträge. Später stellte sich heraus, dass die Zahlen zum Transportvolumen sogar noch die optimistischeren bayerischen Schätzungen übertrafen.

Sicher hätte Strauß die Gelegenheit zum Austeilen gegen die seiner Ansicht nach sowieso »technikfeindliche« SPD genutzt. Es sollte nicht dazu kommen. Die endgültige Fertigstellung des Projekts im Jahr 1992 erlebte Strauß nicht mehr.

Auch der Atomkraft blieb er kompromisslos treu. Er setzte sich vehement für den Bau der atomaren Wiederaufarbeitungsanlage im oberpfälzischen Wackersdorf ein.

Kaum gefährlicher als eine »Fahrradspeichen-Fabrik« – so Strauß. Doch in der bodenständigen, sonst so CSU-treuen Region verfingen die saloppen Beteuerungen nicht. Es kam zu heftigen Protesten aus der Bevölkerung; und manch ein rebellierender Bauer wurde vom Schlagstock getroffen. Der WAA-Bau wurde im Frühjahr 1989 – somit kurz nach Strauß' Tod 1988 – eingestellt. Der Atomindustrie war die Aufarbeitung in Frankreich schließlich billiger und weniger kontrovers erschienen.

Immer wieder kam es zu Gerüchten über angebliche Korruption, ohne dass Strauß als Ministerpräsident je in Rücktrittsgefahr geriet. Zwei Jahrzehnte nach der Fibag-Affäre hat Strauß ein ähnliches Modell zusammen mit Walter Schöll, dem Chef einer Werbeagentur, praktiziert. Strauß' Frau Marianne hatte in einem anderen Fall Zugriff auf Sonderkonten bei der CSU. Der Verwendungszweck des Geldes konnte später nicht geklärt werden.

»Konnte nicht geklärt werden« – so endeten die meisten derartigen Vorwürfe gegen Strauß und seine Umgebung. Weil nichts oder kaum etwas dran war? Weil der Nachweis unmöglich war? Weil Strauß in seinem bayerischen Reich gar mächtig genug war, um Aufklärung zu verhindern? Letzteres ist, in etwa, die These des Weißwurst-Whistleblowers Wilhelm Schlötterer.

Strauß und Schlötterer

Wilhelm Schlötterer ist CSU-Mitglied, und zugleich der heute wichtigste Strauß-Gegner. Der promovierte Jurist war in München 1974 bis 1978 Chef des Referats für Steuerfahndung. In dieser Zeit war er mit anrüchigen Steuerfällen betraut, die sich dank seiner Hartnäckigkeit zu spektakulären Affären ausweiteten. Sein Vorwurf lautet, Franz Josef Strauß habe gezielt auf die Steuerermittlung Einfluss genommen, um befreundete Unternehmer zu begünstigen, indem er genehme Beamte einsetzte und in laufende Verfahren eingegriffen habe. Auf diese angebliche Instrumentalisierung des Freistaats zu privaten Zwecken reagierte Schlötterer mit internen Beschwerden, Briefen und Petitionen an den Landtag. Daraufhin habe man ihm, so Schlötterer, fällige Beförderungen verweigert, es gab Straf- und Disziplinarverfahren gegen ihn und er soll 1978 in das Referat Verteidigungslasten abgeschoben und quasi kaltgestellt worden sein.

Die Auseinandersetzungen mündeten schließlich, Jahre nach Strauß' Tod, Anfang der 1990er Jahre in der Aufdeckung der so genannten Amigo-Affäre. Nicht Strauß, doch seine Nachfolger stolperten und fielen. Durch die Enthüllungen wurde unter anderem bekannt, dass der begeisterte Flieger Strauß von dem millionenschweren »Bäderkönig« und späteren Steuerflüchtling Eduard Zwick (1921–1998) Flugzeuge mit Kennzeichen wie D-FJSX oder D-EWKX gestellt bekommen hatte. Die Buchstabenfolge D-EWKX stand für »Er wird Kanzler«.

Schlötterer schrieb zudem von einem Vermögen von rund 400 Millionen D-Mark, das Franz Josef Strauß hinterlassen habe. So viel Geld, das dürfte klar sein, verdient man nur als deutscher Politiker, egal wie hochrangig, im Leben nicht. Doch der Whistleblower geriet in Beweisnöte. Im Zuge eines Prozesses, den daraufhin die Familie Strauß gegen ihn angestrengt hat, kamen zwar Zeugenaussagen von Bankmitarbeitern aus München und Luxemburg an die Öffentlichkeit. Demnach soll das Erbe rund 300 Millionen Mark betragen haben, und der Sohn Max Strauß habe versucht, diese Summe in Form von Bargeld nach Luxemburg zu transportieren. Die Familie Strauß ließ diese Angaben allerdings umgehend als »baren Unfug« dementieren. Mehr noch: Schlötterer verlor den Prozess gegen Max Strauß in den ersten zwei Instanzen. Aufgeben will er nicht. Die Strauß-Kinder ebenso wenig.

Der Landesfürst will nicht von der Außenpolitik lassen

Strauß und Honecker auf der Leipziger Frühjahrsmesse 1987, Bundesarchiv, Bild 183-1990-0226-315 / Mittelstädt, Rainer / CC-BY-SA

Kanzler war er nicht geworden, sondern, nach dem Sinneswandel der (wegen Strauß) gestärkten FDP, sein alter Rivale Kohl. Doch Strauß betrieb auch als bayerischer Ministerpräsident noch eine Außenpolitik nach eigenen Vorstellungen. Chile war kein Einzelfall. Er unterhielt gute Beziehungen zu Paraguays Diktator Alfredo Strössner, Südafrikas Apartheid-Präsident Pieter Willem Botha – und erstaunlicherweise zunehmend auch zur DDR.

1983 sorgte Strauß durch das Einfädeln eines Milliardenkredits für die DDR für Aufregung auch in den eigenen Reihen. Schließlich kam es zum Parteiaustritt einiger Abgeordneter unter Franz Handlos und zur Gründung der rechten Partei »Die Republikaner«. Strauß hatte stets die Doktrin verfochten, dass es in Deutschland rechts der Union keine demokratische Partei geben dürfe. Zu einer Zusammenarbeit mit den neuen Rechten kam es nicht, die CSU unter Strauß zog es vor, selbst mit markigen Sprüchen und Angeboten auf Stimmenfang zu gehen, und konnte die »Reps« klein halten.

Umstritten bleibt, welche Rolle der Milliardenkredit für das SED-Regime in der Geschichte spielte. Für Strauß-Anhänger stellt es sich so dar, dass der Kredit die DDR in eine Abhängigkeit von der Bundesrepublik trieb, was zur Schwächung der SED geführt und letztlich ihren Sturz mit vorbereitet habe. Andere argumentieren, der Geldtransfer habe die im Grunde damals schon bankrotte DDR künstlich am Leben erhalten.

Wegen der getarnten Lieferung von U-Booten an das Apartheid-Regime in Südafrika 1984–86, ein Kurs, zu dem Franz Josef Strauß das Kanzleramt drängte, gab es wieder mal Gerüchte, dass Provisionen oder gar Schmiergelder aus dem U-Boot-Geschäft an die Umgebung des Bayern flossen. Mittlerweile wurden solche Gerüchte schon reflexartig laut, wenn Strauß irgendwie mit solchen Deals assoziiert werden konnte. Mangels echter Aufklärung war es weitgehend eine Frage der politischen Grundhaltung, solchen Gerüchten zu glauben.

Mehr über Strauß' Geschäfte und manches andere hätte man möglicherweise aus seiner Stasi-Akte erfahren können. Nach Informationen des Magazins Focus aus dem Jahr 2000 soll das Bayerische Landesamt für Verfassungsschutz Anfang 1990 von Überläufern aus dem Ministerium für Staatssicherheit indessen umfangreiche Dossiers des DDR-Geheimdienstes über westdeutsche Politiker, unter anderem auch Strauß, erworben haben. Hubert Mehler, damals Chef des bayerischen Verfassungsschutzes, habe zum Schutz von Strauß' Ansehen dessen Stasi-Akten angekauft und in Absprache mit der Regierung vernichten lassen.

Strauß äußerte sich kritisch zu Sanktionen gegen das Apartheid-Regime und warnte vor einer zu schnellen Umsetzung der »one man – one vote«-Forderung des ANC. Noch 1988 war Franz Josef Strauß Ehrengast von Außenminister Pik Botha. Die unverzügliche Abschaffung der Apartheid sei »unverantwortlich« und die Gleichstellung der schwarzen Mehrheit zu diesem Zeitpunkt »nicht wünschenswert«, sagte Strauß damals. Treffen mit ANC-Vertretern lehnte er ab. Bei einem Auftritt vor Buren rief er: »Nie in meinem 40-jährigen politischen Leben habe ich eine so ungerechte und unfaire Behandlung eines Landes erlebt, wie sie Südafrika widerfährt.«

Was nicht heißt, dass Strauß nicht auch gute Beziehungen zu schwarzen afrikanischen Politikern haben konnte, wenn sie seinen Vorstellungen besser entsprachen als der vermeintlich linksradikale ANC. Eine Freundschaft pflegte er mit Gnassingbé Eyadéma, dem Diktator von Togo, mit dem er die Bayerisch-Togoische Gesellschaft gründete. Der (auch vom französischen Präsidenten Jacques Chirac geschätzte) Eyadéma erhielt den bayerischen Verdienstorden.

Am 28. Dezember 1987 flog der Privatpilot, begleitet von Parteifreunden, mit einer Cessna zu einem in der Öffentlichkeit nicht angekündigten Besuch nach Moskau und unterhielt sich zweieinhalb Stunden mit Michail Gorbatschow, von dessen Reformvorstellungen er sich tief beeindruckt zeigte.

Strauß war ein leidenschaftlicher Privatpilot. Die Fliegerei führte ihn indessen bald darauf zu einer herben Blamage. Mitte 1988 befürwortete er die Steuerfreiheit für Flugbenzin für Privatflieger. Der offensichtliche Eigennutz dieses Bestrebens war ein gefundenes Fressen für seine Gegner – endlich einmal blieb es nicht bei Gerüchten über Interessenkonflikte. Der Spiegel titelte »Strauß erpresst Kohl – der Flugbenzin-Skandal«. Kein Wunder, dass er sich bei dem Anliegen – es ließ sich nur bundespolitisch, also nicht ohne Kohls CDU und die FDP regeln – nicht durchsetzen konnte, was die Süddeutsche Zeitung als »eine seiner größten politischen Niederlagen« bezeichnete.

Tod und Beisetzung

Eine Woche vor seinem Tod, am 26. September 1988, hatte Strauß einen Luftnotfall mit Sauerstoffmangel. An diesem Tag flog er bei seiner Rückkehr von einem Besuch in Bulgarien das Flugzeug selbst, als es in 11.000 m Flughöhe zu einem Druckabfall in der Kabine kam. Nach rund zwei Minuten, in denen das Flugzeug auf 3000 m Flughöhe sank, gelang es Strauß, eine Sauerstoffmaske aufzusetzen, das Flugzeug unter Kontrolle zu bekommen und später in München zu landen.

Fünf Tage später traf Strauß am 1. Oktober 1988 mit einem Hubschrauber aus München vom Oktoberfest kommend in der Nähe von Regensburg beim Weiler Aschenbrennermarter ein, um an einer von Johannes von Thurn und Taxis veranstalteten Hirschjagd teilzunehmen. Gegen 16 Uhr brach er beim Verlassen des Hubschraubers bewusstlos zusammen. Beim Fallen auf die Gangway des Hubschraubers erbrach sich Strauß und aspirierte einen Teil des Erbrochenen. Er bekam sofort Atemnot und wurde umgehend reanimiert, wobei ihm mehrere Rippen gebrochen wurden und eine Rippe die Lunge perforierte. Von dort gelangte Luft in den Magen. Zu dieser Zeit war kein Arzt bei ihm. Er wurde ins nächste Krankenhaus gefahren, das Regensburger Krankenhaus der Barmherzigen Brüder, wo man eine Magenblutung vermutete und den Patienten einer Notoperation unterzog. Nach der Eröffnung des Magens trat aus diesem jedoch nur Luft aus. Niemand außer seinem persönlichen Arzt Valentin Argirov wusste, dass Strauß einen latenten Diabetes mellitus hatte. Der Versuch, Argirov herbeizurufen, scheiterte. Nach der Notoperation befand sich Strauß in einem sehr kritischen Zustand und erlangte das Bewusstsein nicht wieder. Am 3. Oktober 1988 um 11:45 Uhr erlag er einem Kreislaufstillstand infolge multiplen Organversagens.

Bereits am 4. Oktober zogen mehrere Tausend Menschen an Strauß' Leichnam vorbei, der in der St.-Pius-Kapelle des Krankenhauses aufgebahrt war. Am 5. Oktober wurde der Sarg nach München überführt, wo am selben Tag im Bayerischen Landtag eine Trauerfeier stattfand. Am 7. Oktober zelebrierte Friedrich Kardinal Wetter das Pontifikalrequiem für Strauß in der Frauenkirche, das auch auf den Marienplatz übertragen wurde, wo etwa 15.000 Trauergäste teilnahmen. Danach folgte ein Staatsakt in der Münchner Residenz. Sechs Pferde zogen schließlich die Lafette mit dem von einer bayerischen Fahne bedeckten Sarg von der Residenz über den Odeonsplatz und die Ludwigstraße zum Siegestor. Der Trauerzug wurde von mehr als 100.000 Trauergästen und Bürgern verfolgt und war der bislang größte in der Geschichte der Stadt München.

Die Beisetzung durch den späteren Papst Benedikt XVI., Joseph Kardinal Ratzinger, fand im engsten Familienkreis in Rott am Inn statt. In der Ansprache sagte

Kardinal Ratzinger über den Toten: »Wie eine Eiche ist er vor uns gestanden, kraftvoll, lebendig, unverwüstlich, so schien es. Und wie eine Eiche ist er gefällt worden.«

Im November 1990 wurde beschlossen, den neuen Flughafen München nach Franz Josef Strauß zu benennen. Im gleichen Jahr erschien eine 2-DM-Münze mit dem Konterfei von Strauß auf der Rückseite.

Nicht jeder mochte die Münze.

Literatur

Veröffentlichungen von Strauß

- Entwurf für Europa. Seewald, Stuttgart 1966.
- Bundestagsreden. Hrsg. Leo Wagner. Verlag AZ Studio, Bonn 1968.
- Herausforderung und Antwort. Ein Programm für Europa. Seewald, Stuttgart 1968.
- Die Finanzverfassung. Olzog, München, Wien 1969.
- Der Weg in die Finanzkrise. Bonn 1972.
- Mut zur Freiheit. Dankesrede anlässlich der Verleihung des Konrad-Adenauer-Preises 1975. Hrsg. Karl Steinbruch.
- Deutschland deine Zukunft. Stuttgart 1975, Busse-Seewald Verlag, ISBN 3-512-00393-1.
- Der Auftrag. Stuttgart 1976.
- Signale. Beiträge zur deutschen Politik 1969–1978. München 1978.
- Gebote der Freiheit. Verlag Gruenwald, München 1980. ISBN 3-8207-0137-0.
- Verantwortung vor der Geschichte. Beiträge zur deutschen und internationalen Politik 1978–1985. München 1985.
- Auftrag für die Zukunft. Beiträge zur deutschen und internationalen Politik 1985–1987. Schulz, Percha, Kempfenhausen 1987.

- Die Erinnerungen. postum. Siedler, Berlin 1989, ISBN 3-88680-682-0.

Über Strauß

- Rudolf Augstein (Hrsg.): Überlebensgroß: Herr Strauß. Ein Spiegelbild., Rowohlt Taschenbuchverlag, Reinbek bei Hamburg 1980, ISBN 3-499-33002-4.
- Karl Carstens, Alfons Goppel, Henry Kissinger, Golo Mann (Hrsg.): Franz Josef Strauss: Erkenntnisse, Standpunkte, Ausblicke. Bruckmann, München 1985, ISBN 978-3-7654-2000-9 (Festschrift zum 70. Geburtstag von Strauß).
- Wolfram Bickerich: Franz Josef Strauß. Econ & List Taschenbuch 26507, Düsseldorf / München 1998, ISBN 3-612-26507-5.
- Werner Biermann: Strauß. Aufstieg und Fall einer Familie. rororo Taschenbuch, Reinbek bei Hamburg 2008, ISBN 978-3-499-62302-8.
- Bernt Engelmann: Das neue Schwarzbuch Franz Josef Strauß. Kiepenheuer & Witsch, Köln 1982, ISBN 3-462-01390-4.
- Stefan Finger: Franz Josef Strauß – Ein politisches Leben. Olzog, München 2005, ISBN 3-7892-8161-1.
- Wolfgang Roth: Schwarzbuch Strauß, Kiepenheuer und Witsch, Köln 1972, ISBN 3-462-00905-2.
- Wilfried Scharnagl: Mein Strauß. Staatsmann und Freund. Ars Una, Neuried 2008, ISBN 978-3-89391-860-7.

- Wilhelm Schlötterer: Macht und Missbrauch. Franz Josef Strauß und seine Nachfolger. Aufzeichnungen eines Ministerialbeamten. Fackelträger, Köln 2009, ISBN 978-3-7716-4434-5; (Folgeausgabe: Macht und Missbrauch. Von Strauß bis Seehofer, ein Insider packt aus. Aktualisierte Taschenbucherstausgabe, Heyne, München 2010, ISBN 978-3-453-60168-0).
- Walter Schöll: Franz Josef Strauss. Der Mensch und der Staatsmann. Ein Porträt. Schulz, Kempfenhausen am Starnberger See 1984, ISBN 3-7962-0199-7.
- Thomas Schuler: Strauß. Die Biografie einer Familie. Scherz, Frankfurt am Main 2006, ISBN 3-502-15026-5.
- Franz Georg Strauß: Mein Vater. Erinnerungen. Herbig, München 2008, ISBN 978-3-7766-2573-8.
- Matthias Stickler: Franz Josef Strauß. In: Biographisch-Bibliographisches Kirchenlexikon (BBKL). Band 31, Bautz, Nordhausen 2010, ISBN 978-3-88309-544-8, Sp. 1316–1334.
- Michael Stephan: Franz Josef Strauß. In: Katharina Weigand (Hrsg.): Große Gestalten der bayerischen Geschichte. Utz, München 2011, ISBN 978-3-8316-0949-9.